I ♥ to Travel!

DAS REISEBUCH MEINES LEBENS

TRAVEL
ROUND THE
WORLD

Dieses Buch gehört dem Weltenbummler

London Istanbul

Paris

LET'S GO!

TRAVEL

Hier war
ich schon

Da will
ICH HIN

Nächstes Ziel: die Welt

Once in a Lifetime

Ich möchte einmal im Leben …

- ☐ einem tibetanischen Mönch
  die Hand schütteln
  Erfüllt am

- ☐ auf einem Elefanten reiten
  Erfüllt am

- ☐ an einem Bungee-Seil kopfüber
  über einem Abgrund baumeln
  Erfüllt am

- ☐ mit Delfinen schwimmen
  Erfüllt am

☐

☐

☐

☐

☐

☐

TRAVEL
ROUND THE
WORLD

Einmal um die Welt...

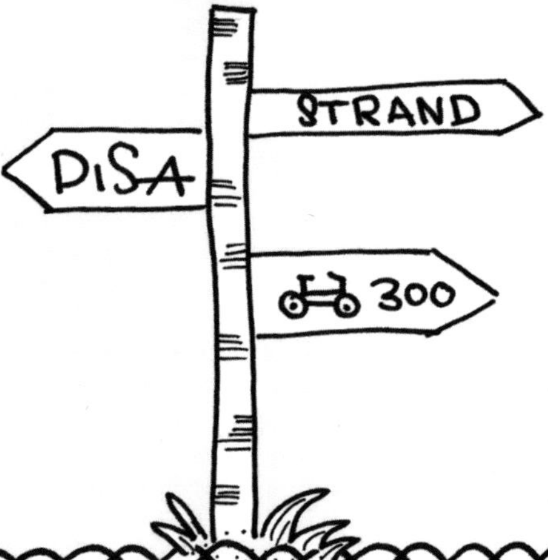

Merk-würdig

Einzigartige Erlebnisse von unterwegs:

Wow

HOTEL

Das nehme ich mit, wenn ich …

… mit dem Rucksack durch die Welt reisen möchte

NICHT VERGESSEN!

Wichtig!

notizen

ICH BRAUCHE
NICHT VIEL
UM
glück
lich
ZU
SEIN.

Das nehme ich mit, wenn ich ...

... eine tolle Stadt besuchen möchte

Das nehme ich mit, wenn ich …

… mir ein Wellness-Wochenende gönnen möchte

- ☐ ______________________
- ☐ ______________________
- ☐ ______________________
- ☐ ______________________
- ☐ ______________________

- ☐ ______________________
- ☐ ______________________
- ☐ ______________________

WICHTIG!

Lasst alles Negative los!

Das nehme ich mit wenn ich…

…mich mit Ski & Snowboard die Berge runterstürzen möchte

Das muss mit

- ☐ ____________________
- ☐ ____________________
- ☐ ____________________
- ☐ ____________________
- ☐ ____________________
- ☐ ____________________
- ☐ ____________________
- ☐ ____________________
- ☐ ____________________

Wichtig

Bloß nicht vergessen!

NOTIZEN

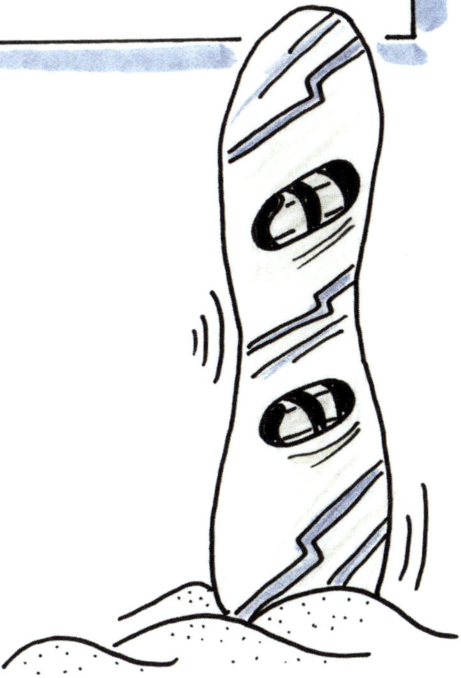

Reiselust

Nächstes Ziel: die Welt

Einmal um die Welt...

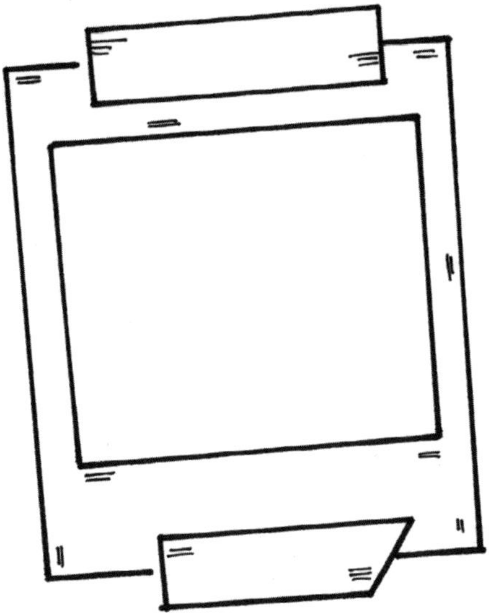

Fernweh

MEINE PERSÖNLICHEN

must sees

IN EUROPA

- EIFFELTURM IN PARIS
- SCHIEFERTURM VON PISA
- ______________________
- ______________________
- ______________________

DON'T FORGET TO TAKE

BIG BEN IN LONDON

ST. PETERSBURG

____

____

AMSTERDAM UND SEINE GRACHTEN

so much to see

Einmal um die Welt...

SOMMER

STRAND
PISA
300

MERK-WÜRDIG

Einzigartige Erlebnisse von unterwegs:

Wow

Meine persönlichen MUST SEES der Welt

- [ ] Times Square in NYC
- [ ] Seoul Skygarden
- [ ] Schildkröten auf den Galapagos Inseln
- [ ] Madagaskar und seine Lemuren
- [ ] Tokio – Weltstadt des Ostens
- [ ] Marokko - Märchen aus 1001 Nacht
- [ ] Safari in Botswana

- [ ] ______________________________
- [ ] ______________________________
- [ ] ______________________________
- [ ] ______________________________
- [ ] ______________________________
- [ ] ______________________________
- [ ] ______________________________
- [ ] ______________________________

Die Welt ist
ein Buch
Wer nie reist, sieht
nur eine Seite davon
A. Aurelius

Reiselust

Fernweh

Merk-würdig

Einzigartige Erlebnisse von unterwegs:

Wow

Die 7 Weltwunder der Antike

Die Hängenden Gärten von Babylon

Der Leucht-turm von Pharos

TEMPEL DER ARTEMIS IN EPHESOS

Die Zeus Statue des Phidias
Das Grab des Königs Mausolos II zu Halikarnassos
DIE PYRAMIDEN von GIZEH
DER KOLOSS von RHODOS

noch mehr

Weltwunder

auf meiner BUCKET LIST

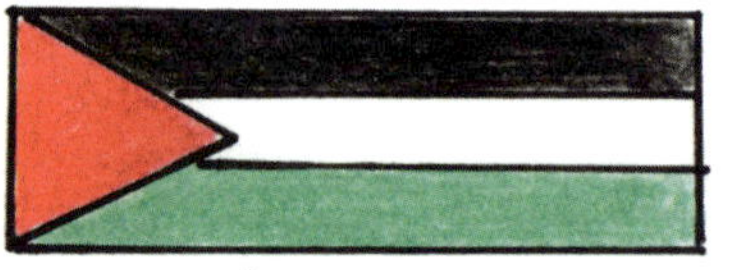

☐ Felsenstadt Petra

Besucht am ______________________

Ehrfurchtsfaktor ______________________ %

☐ Macchu Picchu

Besucht am ______________________

Ehrfurchtsfaktor ______________________ %

☐ Taj Mahal

Besucht am ________________

Ehrfurchtsfaktor ______________ %

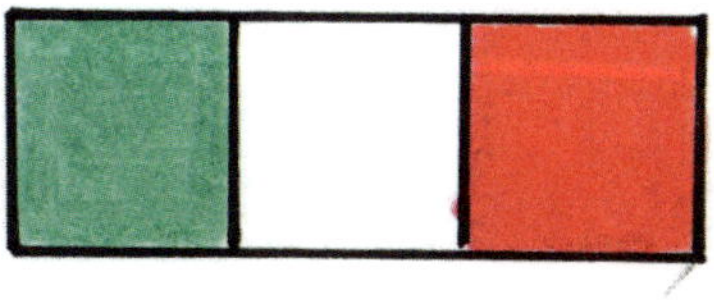

☐ Kolosseum

Besucht am ________________

Ehrfurchtsfaktor ______________ %

☐ Chinesische Mauer

Besucht am ______________________

Ehrfurchtsfaktor ______________________ %

☐ Cristo Redentor

Besucht am ______________________

Ehrfurchtsfaktor ______________________ %

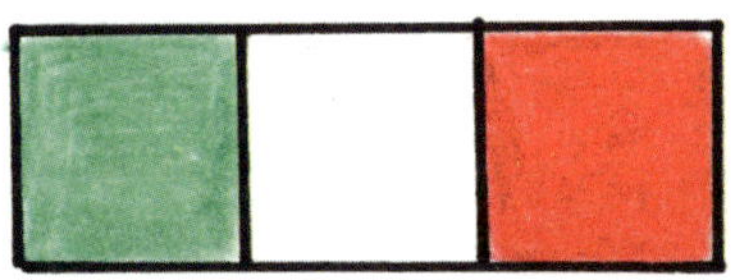

☐ Chichen Itza

Besucht am ______________________

Ehrfurchtsfaktor ______________________ %

☐

☐

☐

☐

☐

☐

MERK-WÜRDIG

Einzigartige Erlebnisse von unterwegs:

Wow

Metropolen

auf meiner Bucket List

☐ NYC
☐ L.A.
☐ Paris
☐ Rom
☐ Mailand
☐ Barcelona
☐ Amsterdam

☐ London
☐ Tokyo
☐ Shanghai
☐ Istanbul

☐ Las Vegas
☐ Kapstadt
☐ St. Petersburg

noch mehr Ziele

- [ ]
- [ ]
- [ ]
- [ ]
- [ ]
- [ ]

One night in Bangkok

Merk-würdig

Einzigartige Erlebnisse von unterwegs:

Wow

MEINE Reisen mein LEBEN

TICKET

Nächstes Ziel: die Welt

Einmal um die Welt …

Strände

auf meiner
Bucket-List

- ☐ Playa Varadero
  Kuba

- ☐ 7 Mile Beach
  Jamaica

- ☐ Strand von Elafonisi Kreta

- ☐ Anse Lazio
  Seychellen

- ☐ Kleopatra Beach
  Alanya

beach

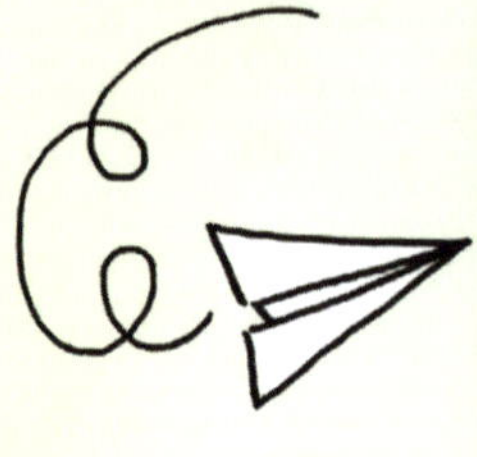

Reiselust

Einmal um die Welt...

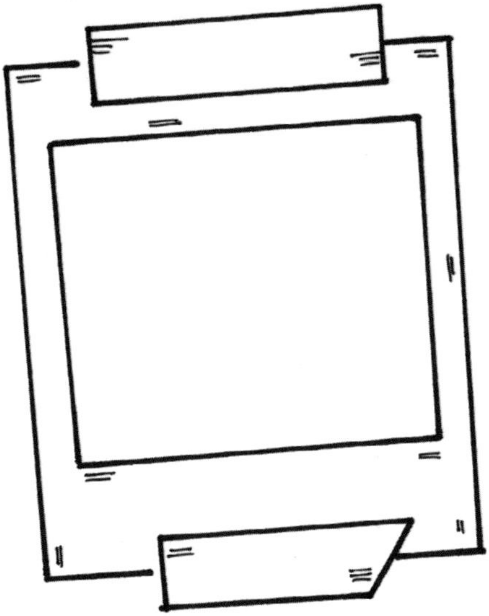

Nächstes Ziel: die Welt

HOTEL

Berge auf meiner BUCKET LIST

☐ Mount Everest 8848 m (China)

(Pakistan/China) 8611 m Qogir (K2) ☐

☐ Kanchenjunga 8586 m (Nepal/Indien)

(Nepal/China) 8516 m Lhotse ☐

☐ Makalu 8485 m (Nepal/China)

the BIG 5

Da will Ich noch rauf

- [ ]
- [ ]
- [ ]
- [ ]
- [ ]
- [ ]

Fernweh

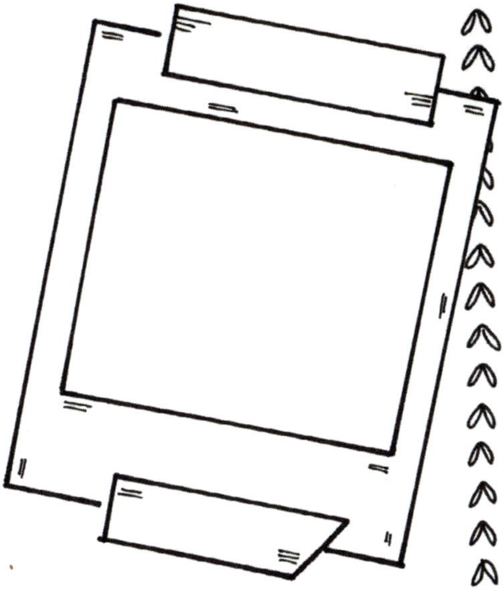

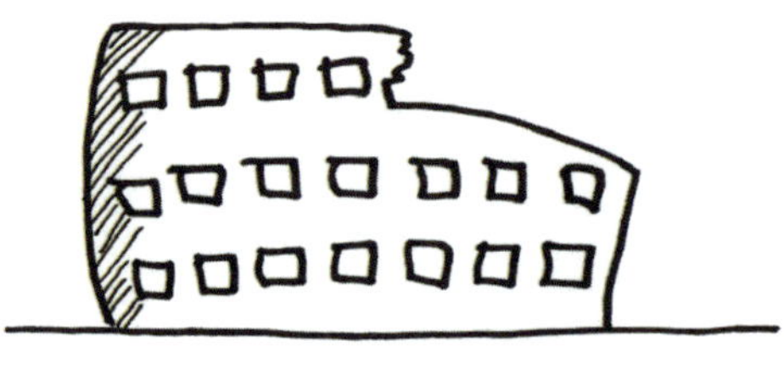

Nächstes Ziel: die Welt

MERK-WÜRDIG

Einzigartige Erlebnisse von unterwegs:

Wow

Sommer

Meine allerliebsten Weggefährten

Hier haben wir uns getroffen

We keep in touch

Adresse

Mail

Telefon

Social Media

unser schönster Moment

Meine allerliebsten Weggefährten

Hier haben wir uns getroffen

We keep in TOUCH

Adresse

Mail

Telefon

Social Media

unser schönster
Moment

Meine allerliebsten Weggefährten

Hier haben wir uns getroffen

We keep in touch

Adresse

Mail

Telefon

Social media

unser schönster

moment

Meine allerliebsten Weggefährten

Hier haben wir uns getroffen

We keep in TOUCH

Adresse

Mail

Telefon

Socialmedia

unser schönster Moment

Sommer

Fernweh

MERK-WÜRDIG

Einzigartige Erlebnisse von unterwegs:

WoW

Einmal um die Welt...

Nächstes Ziel: die Welt

Was heißt eigentlich
„Ich liebe dich" auf

Seni Seviyorum
(türkisch)

TE DUA
(albanisch)

I ♥ You
(love)
(englisch)

Volim te
(kroatisch)

Je t'aime
(französisch)

noch mehr

LIEBE

HOTEL

Merk-würdig

Einzigartige Erlebnisse von unterwegs:

Wow

Nächstes Ziel: die Welt

my travel playlist

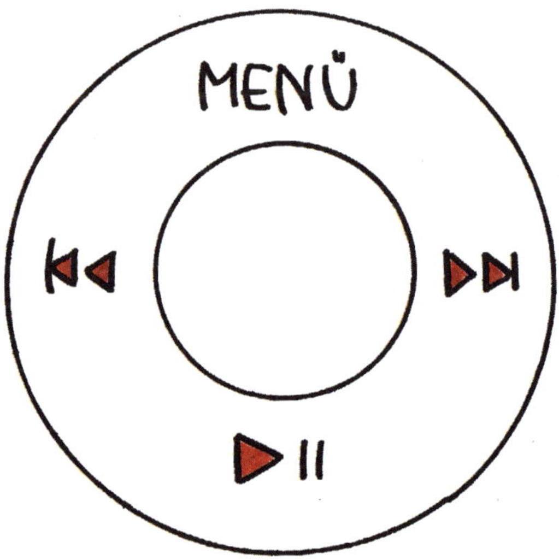

PLAYLIST

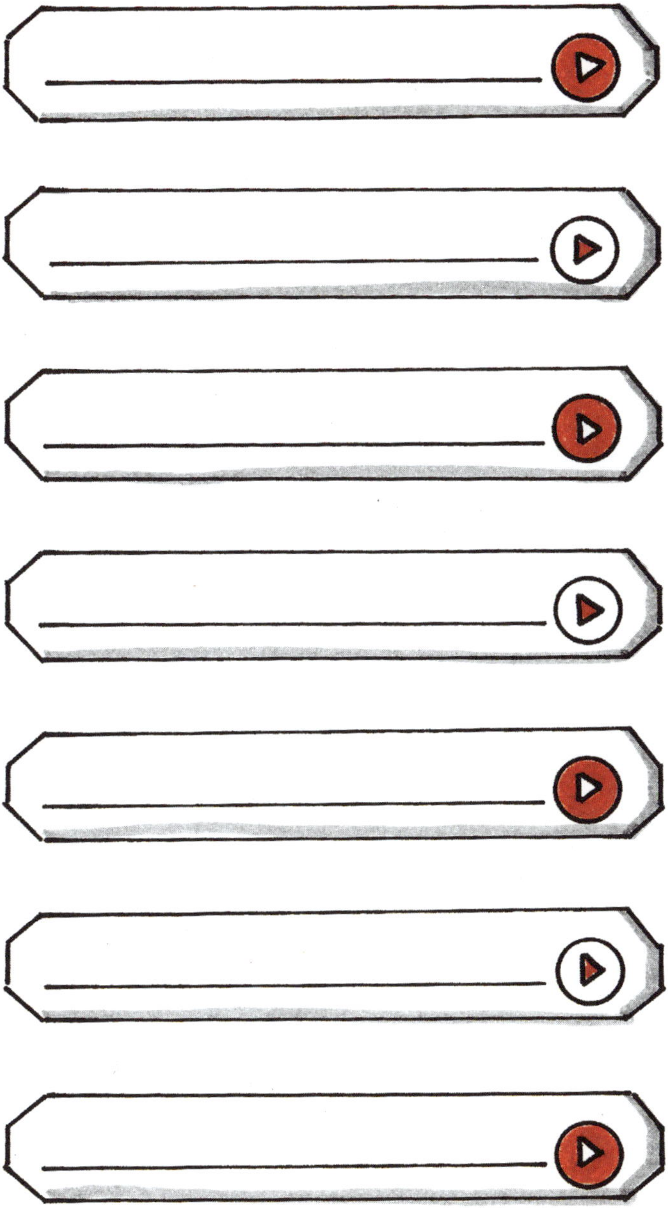

Merk-würdig

Einzigartige Erlebnisse von unterwegs:

Wow

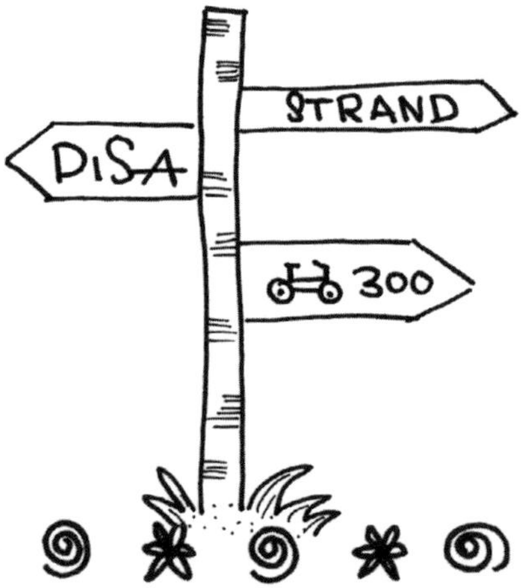
STRAND
PISA
300

Fernweh

Einmal um die Welt ...

REISE
lese
LISTE

Fernweh

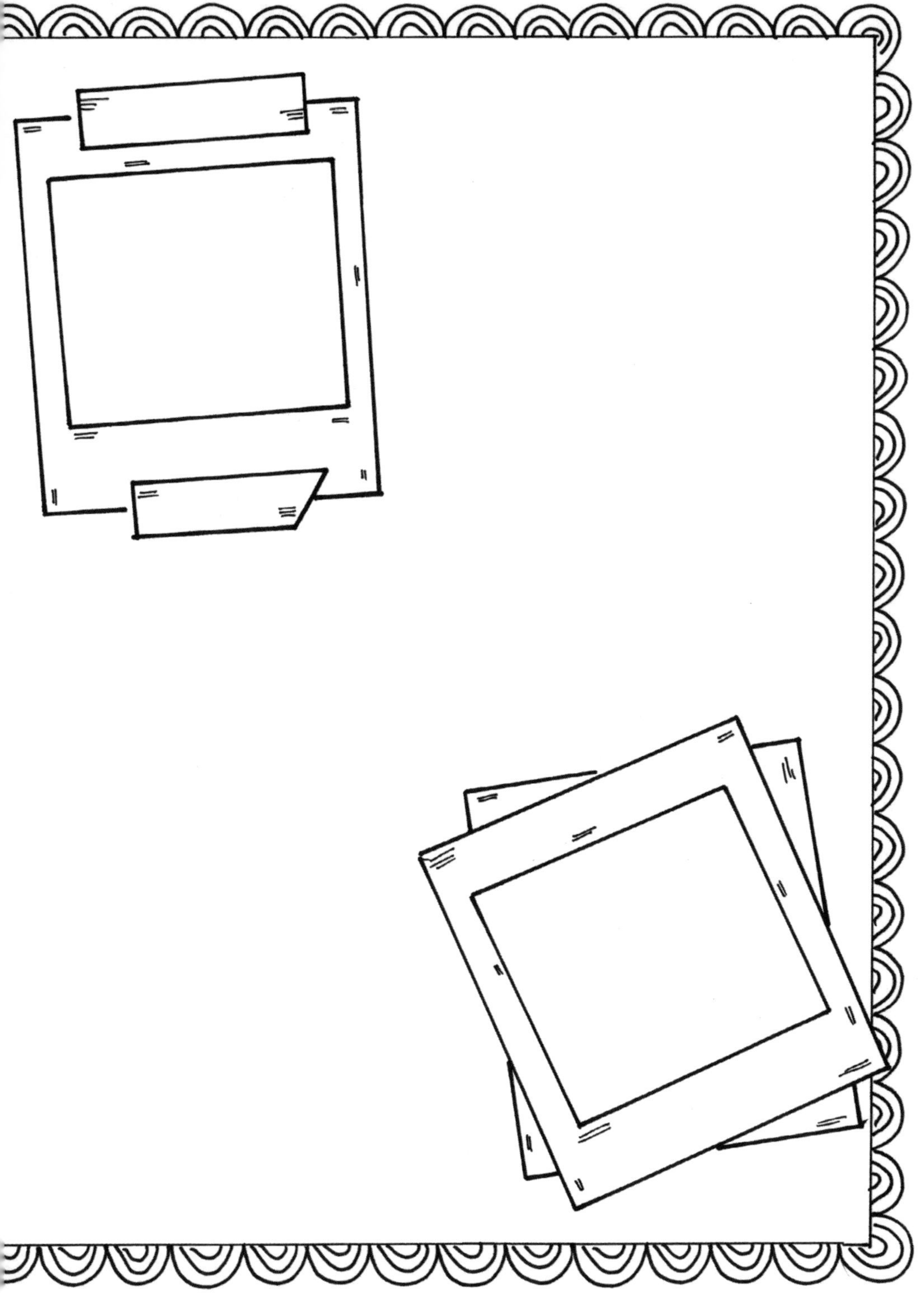

MERK-WÜRDIG

Einzigartige Erlebnisse von unterwegs:

Wow

Nächstes Ziel: die Welt

mood-TRACKER

meines Reiselebens

MERK-WÜRDIG

Einzigartige Erlebnisse von unterwegs:

Wow

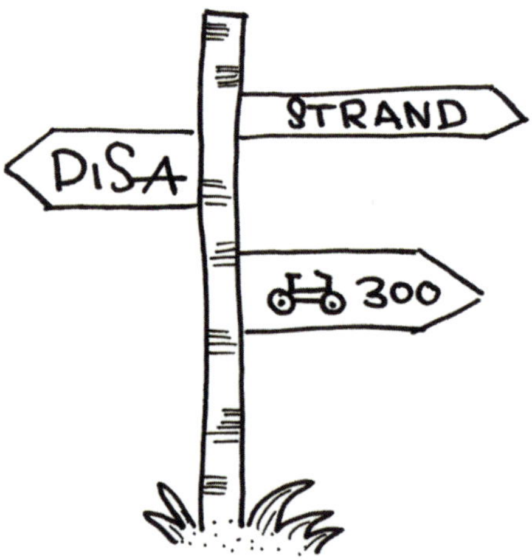
STRAND
DISA
300

Einmal um die Welt …

TICKET

meine LIEBLINGS-RESTAURANTS der Welt

Fernweh

HOTEL

Merk-würdig

Einzigartige Erlebnisse von unterwegs:

Wow

Fernweh

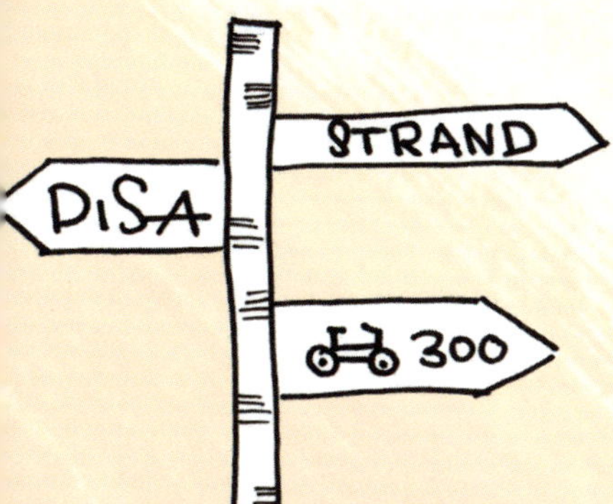

Meine LIEBLINGSGERICHTE aus den KÜCHEN dieser Welt

Nächstes Ziel: die Welt

Merk-würdig

Einzigartige Erlebnisse von unterwegs:

Wow

Es geht wieder los...

I haven't been EVERYWHERE but it's on MY LIST

meine nächsten REISEN →

Reiseziel #1
Reiseziel #2
Travel
REISEZIEL #3
Reiseziel #4
I NY
on the road again

Wo soll's hingehen?

– BRAINSTORMING –

EUROPA

WELTWEIT

DAUER 9 10 11 12 13 14 15
16 17 18 19 20 ...

FRÜHLING SOMMER HERBST WINTER

mein perfekter Tag in

Meine Reiseroute
ROM
LONDON
PARIS
ZUHAUSE

Start

Ziel

Zwischenstopps

DAS Abenteuer BEGINNT ...

MERK-WÜRDIG

Einzigartige Erlebnisse von unterwegs:

WOW

Reiselust

SOMMER

MEINE Reisen mein LEBEN

STRAND
PISA
300

Reiselust

Wo soll's hingehen?

– BRAINSTORMING –

EUROPA

WELTWEIT

DAUER 9 10 11 12 13 14 15
16 17 18 19 20 ...

FRÜHLING SOMMER HERBST WINTER

mein perfekter
Tag in

Meine Reiseroute
ROM
LONDON
PARIS
ZUHAUSE

Start ______________________

Ziel ______________________

Zwischenstopps ______________________

____

____

____

____

____

____

____

____

DAS Abenteuer BEGINNT ...

Merk-würdig

Einzigartige Erlebnisse von unterwegs:

Wow

Einmal um die Welt…

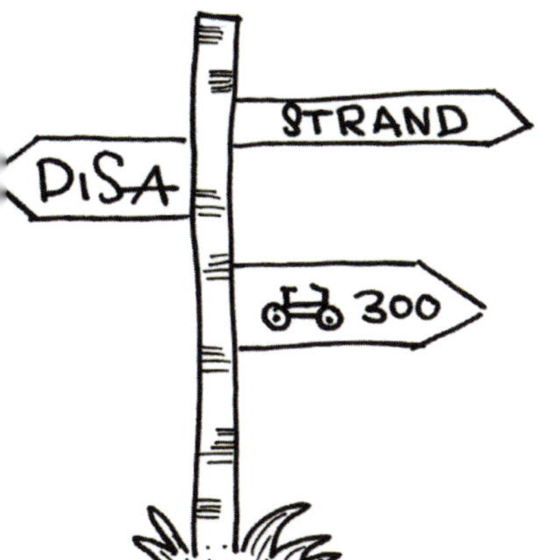

Fernweh

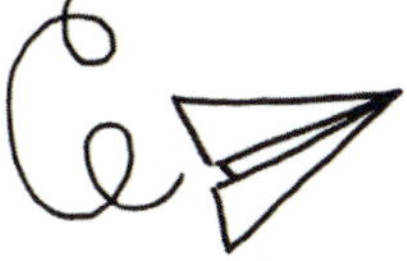

Fernweh

Nächstes Ziel: die Welt

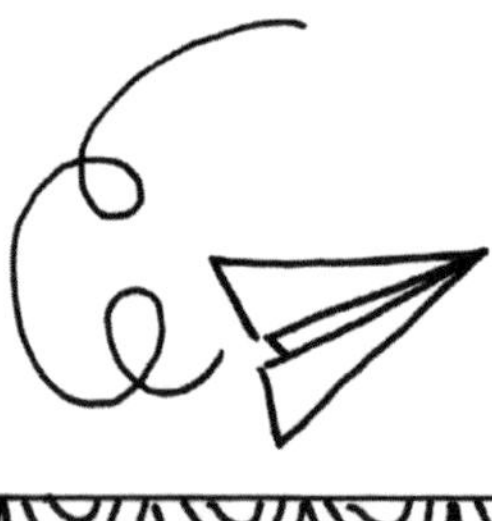

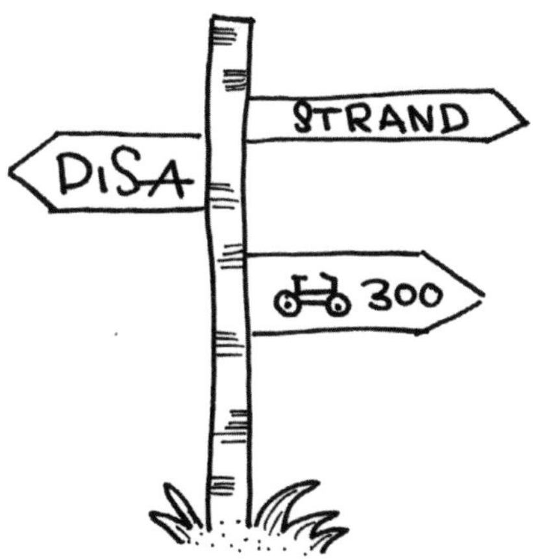
STRAND
DiSA
300

Wo soll's hingehen?

– BRAINSTORMING –

EUROPA

WELTWEIT

DAUER 9 10 11 12 13 14 15 16 17 18 19 20 ...

FRÜHLING SOMMER HERBST WINTER

mein perfekter Tag in

Meine Reiseroute
ROM
LONDON
PARIS
ZUHAUSE

Start ______________________

Ziel ______________________

Zwischenstopps ______________________

____

____

____

____

____

____

____

____

DAS Abenteuer BEGINNT ...

MERK-WÜRDIG

Einzigartige Erlebnisse von unterwegs:

WOW

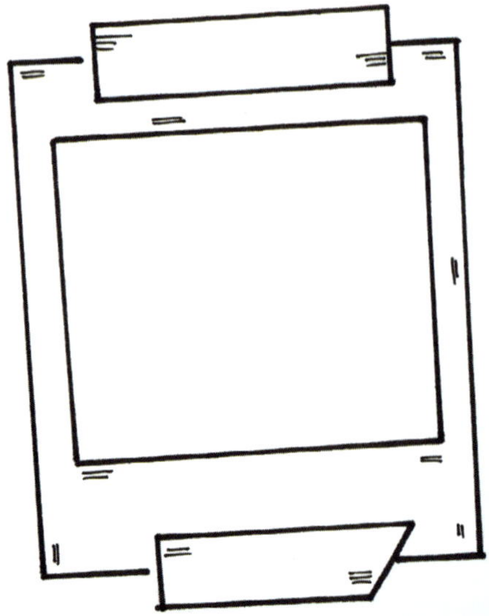

Reiselust

Einmal um die Welt...

Einmal um die Welt...

Sommer

Fernweh

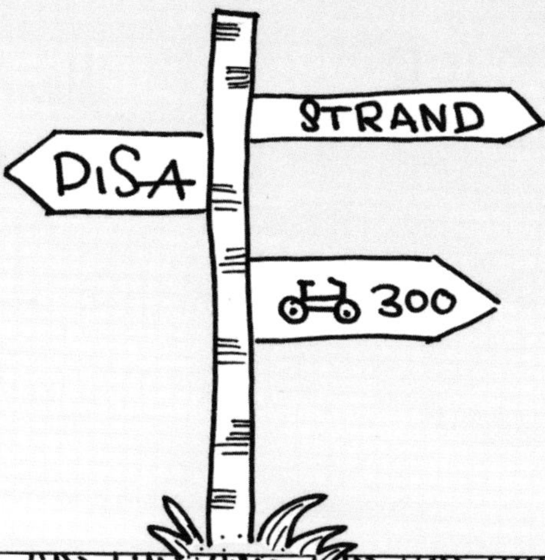

Wo soll's hingehen?

- BRAINSTORMING -

EUROPA

WELTWEIT

DAUER 9 10 11 12 13 14 15

16 17 18 19 20 ...

FRÜHLING SOMMER HERBST WINTER

mein perfekter Tag in

Meine Reiseroute
ROM
LONDON
PARIS
ZUHAUSE

Start

Ziel

Zwischenstopps

DAS

Abenteuer

BEGINNT …

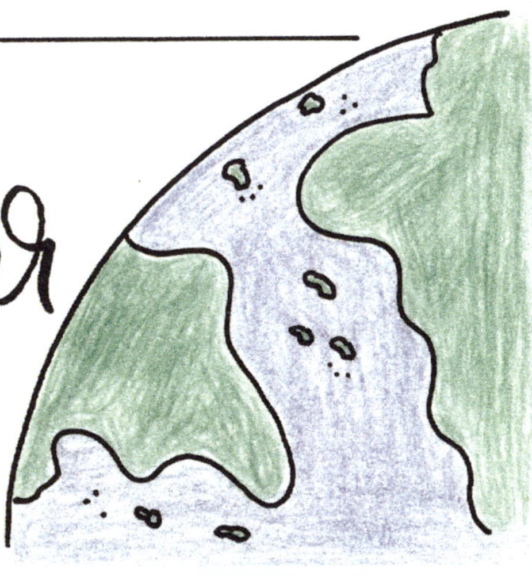

Merk-würdig

Einzigartige Erlebnisse von unterwegs:

WoW

Fernweh

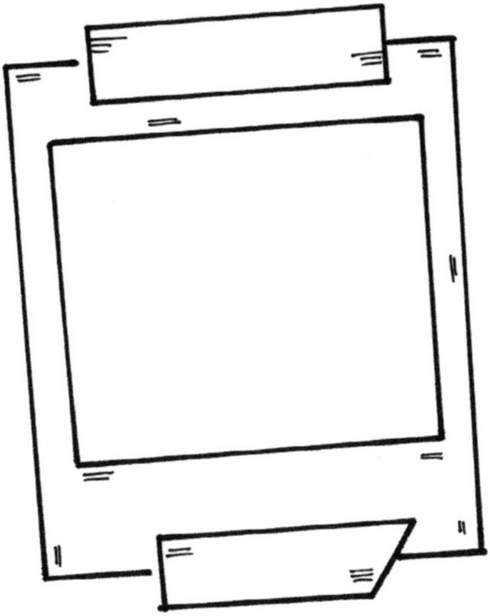

Buchempfehlungen für euch

ISBN 978-3-7724-7745-4

ISBN 978-3-7724-7894-9

ISBN 978-3-7724-7730-0

ISBN 978-3-7724-7805-5

ISBN 978-3-7724-8326-4

ISBN 978-3-7724-8354-7

ISBN 978-3-7724-5336-6

ISBN 978-3-7724-8364-6

ISBN 978-3-7724-8365-3

Happyliee alias Nathalie Güllü ist im echten Leben Sozialpädagogin und lebt mit Mann und zwei Kindern in der Nähe von Tübingen. Schon als Kind liebte sie Buchstaben und 2016 stieß sie auf Instagram auf die Welt des Handletterings. Seitdem vergeht kaum ein Tag, an dem sie nicht die Kunst des schönen Schreibens ausübt, bevorzugt in Bullet Journals, ob für den Alltag oder für Reisen. Auf ihrer Website bietet sie DIY-Tutorials zu den Themen Bullet Journal und Handlettering an

TEXTE UND ILLUSTRATIONEN: Nathalie Güllü; freepics (Aquarellelemente)
PRODUKTMANAGEMENT: Stephanie Iber
SATZ: Bachmann Design, Weinheim
COVERGESTALTUNG UND HERSTELLUNG: Katrin Röhlig
DRUCK UND BINDUNG: POLYGRAF PRINT spol. s r.o.

1. Auflage 2019

ISBN 978-3-7724-5337-3
Best.-Nr. 5337